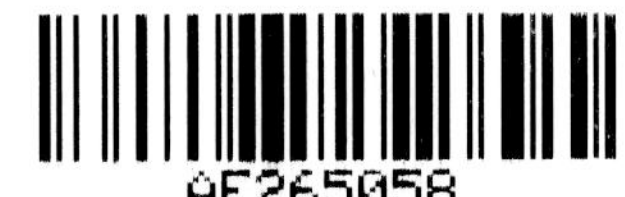

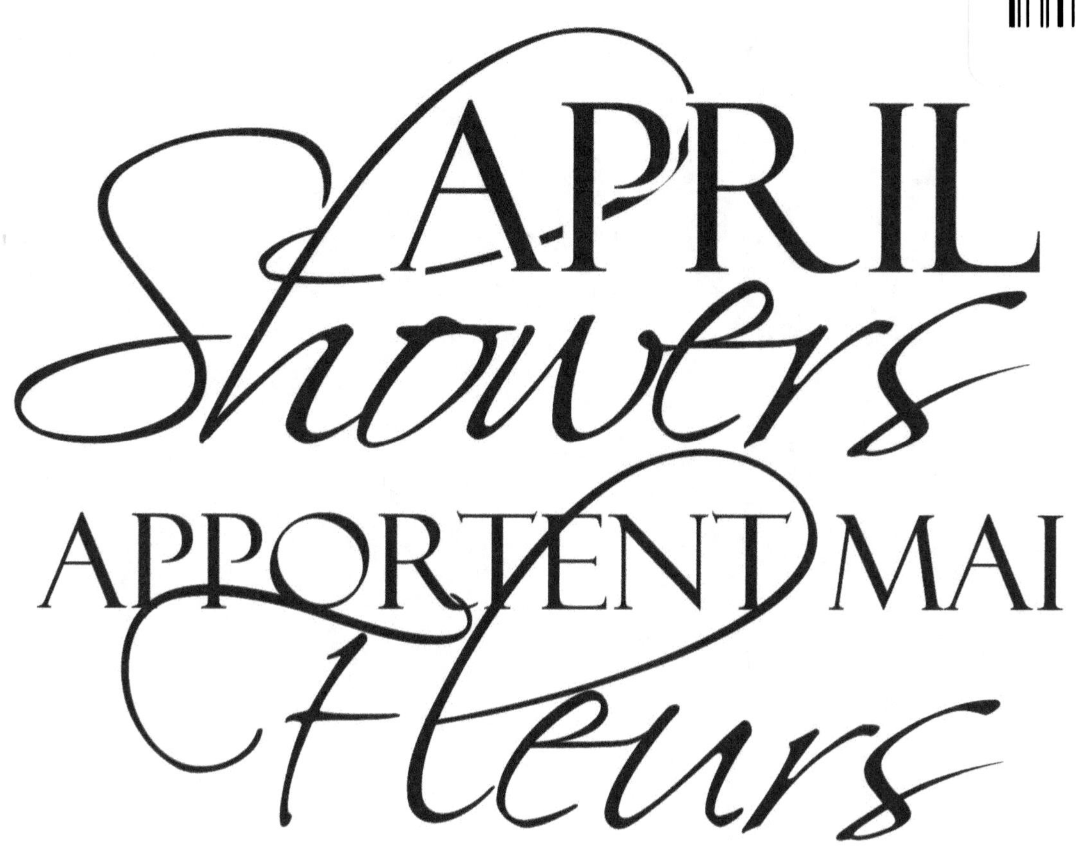

LIVRE DE COLORIAGE ADULTE FLEURS EDITION

Coloring Bandit

Publié par Speedy Publishing Canada Limited

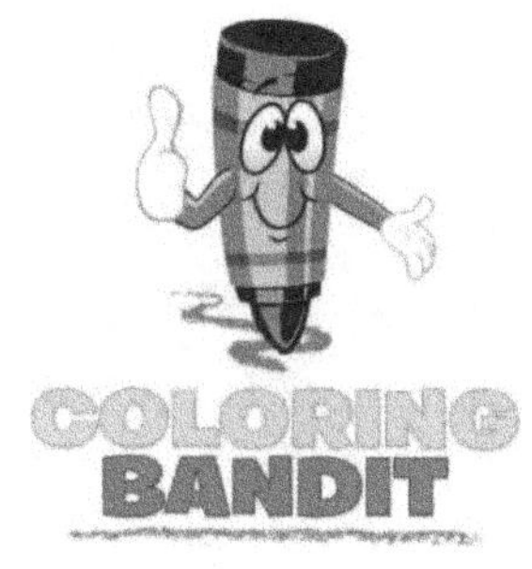

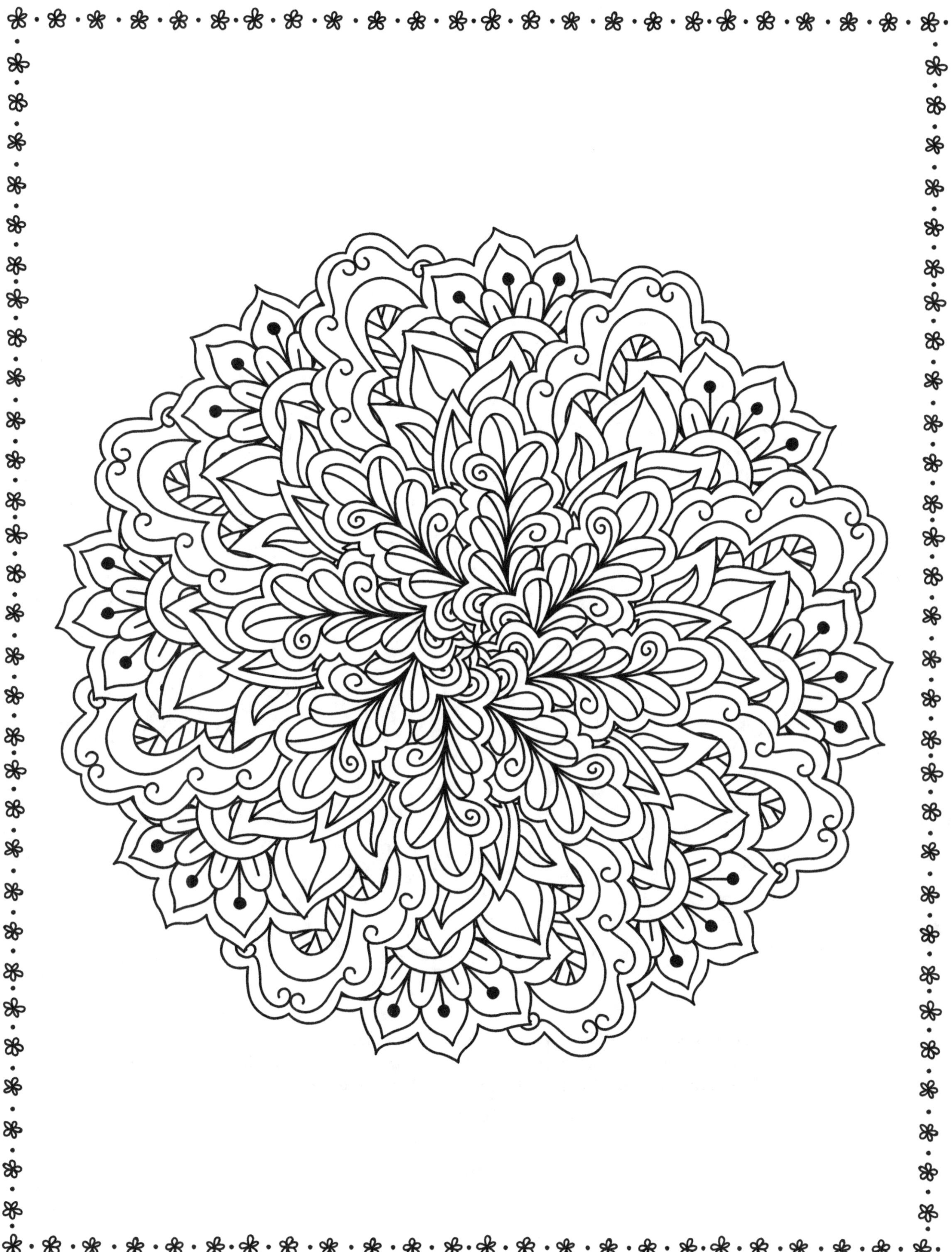

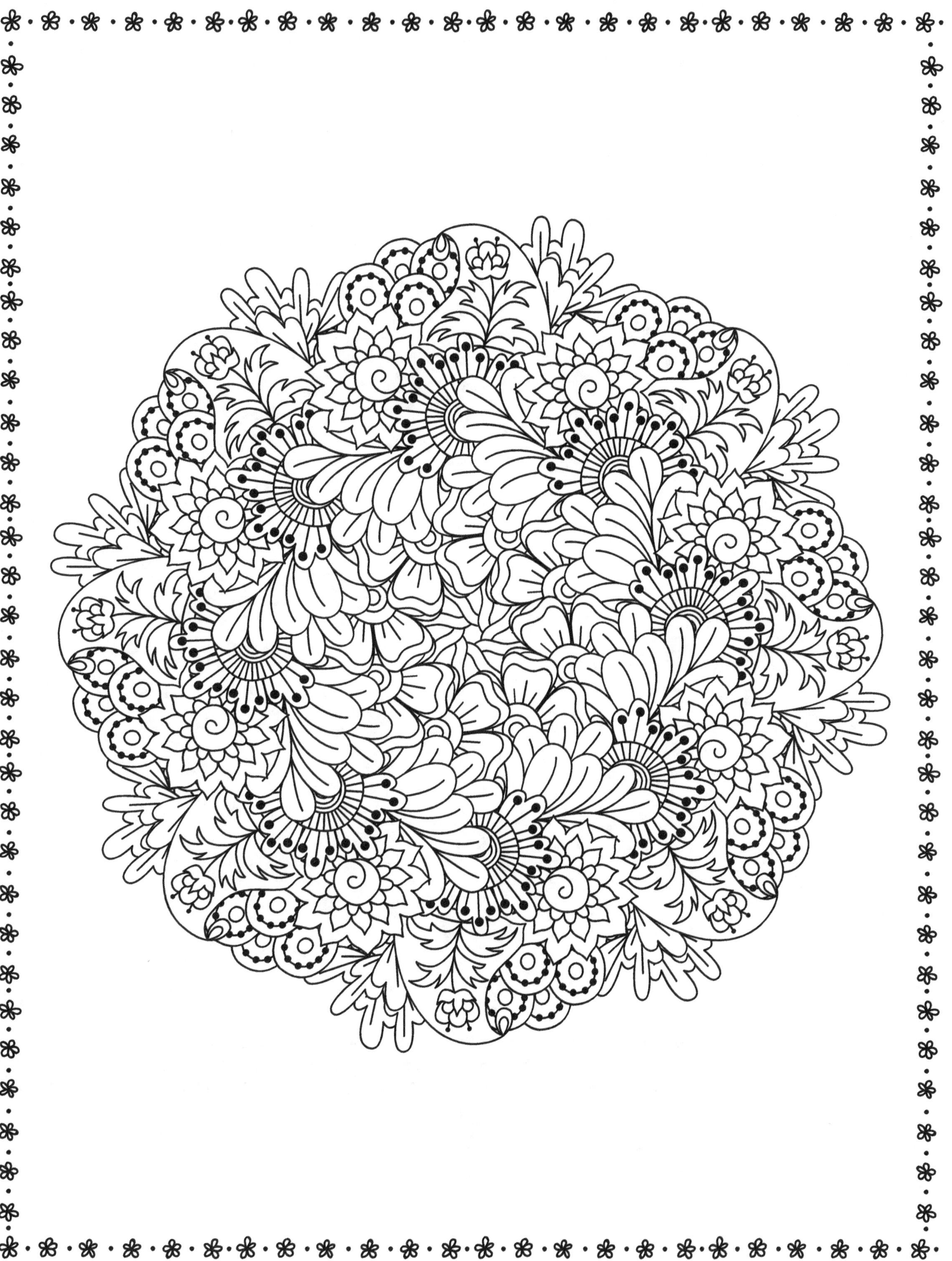

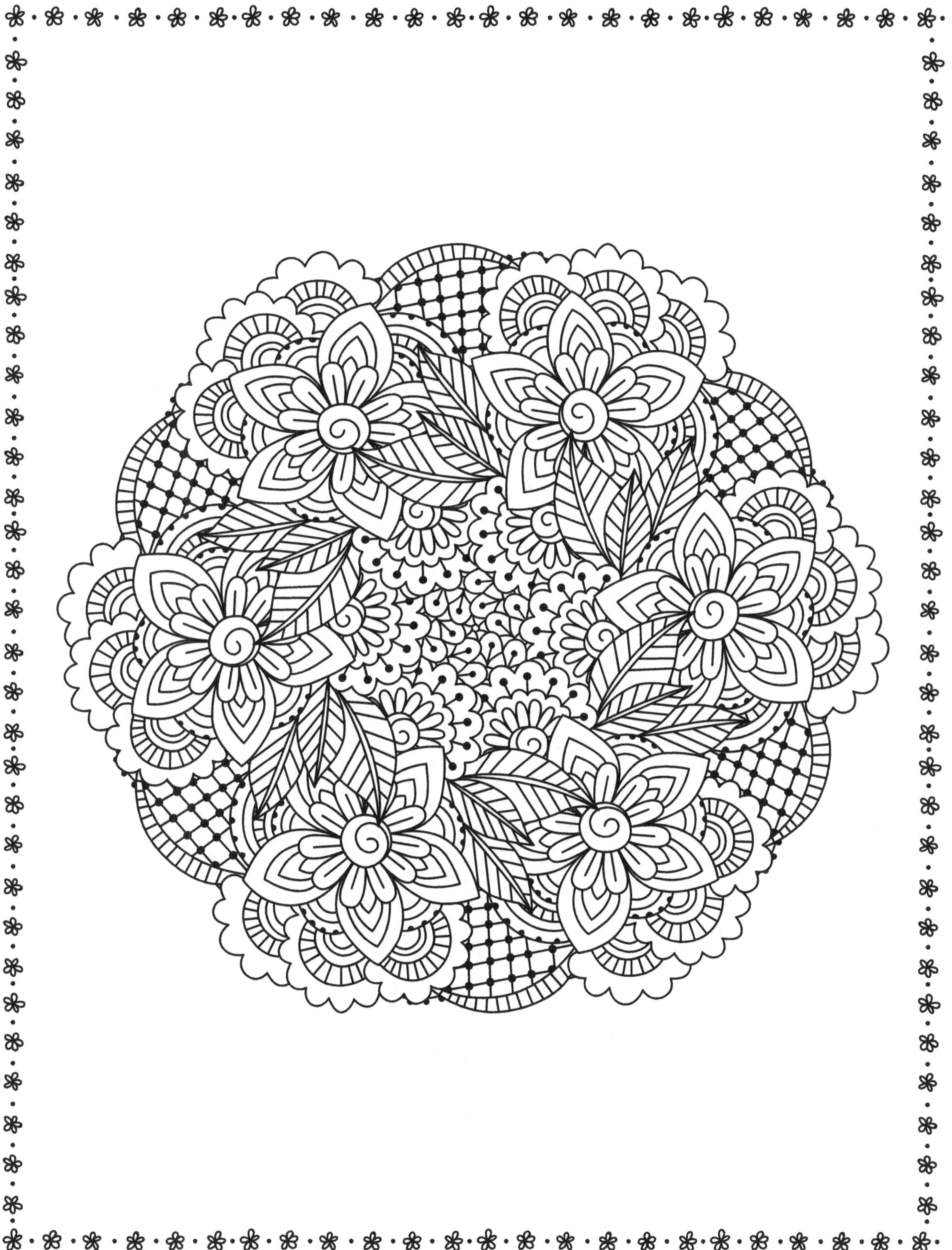

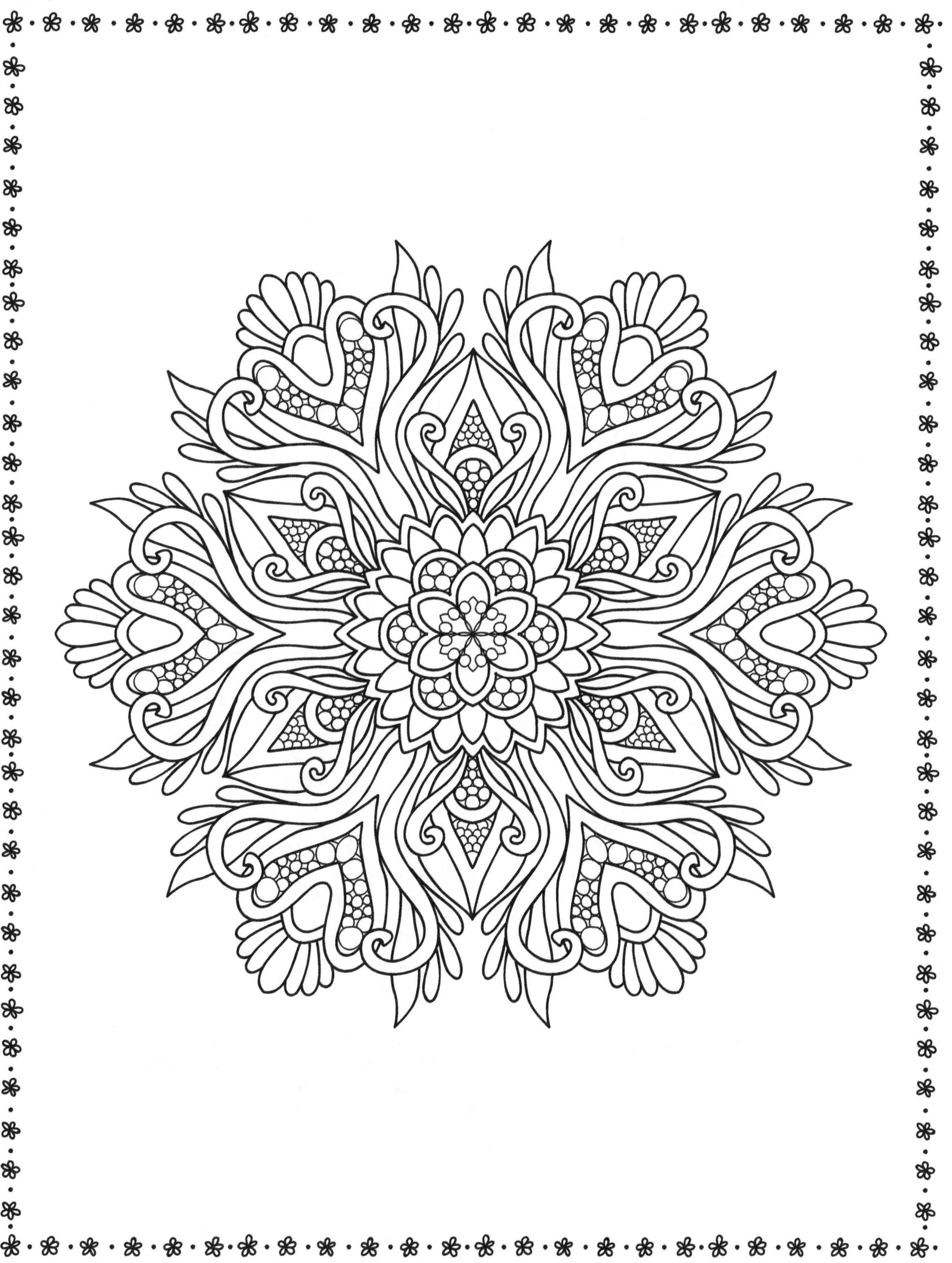

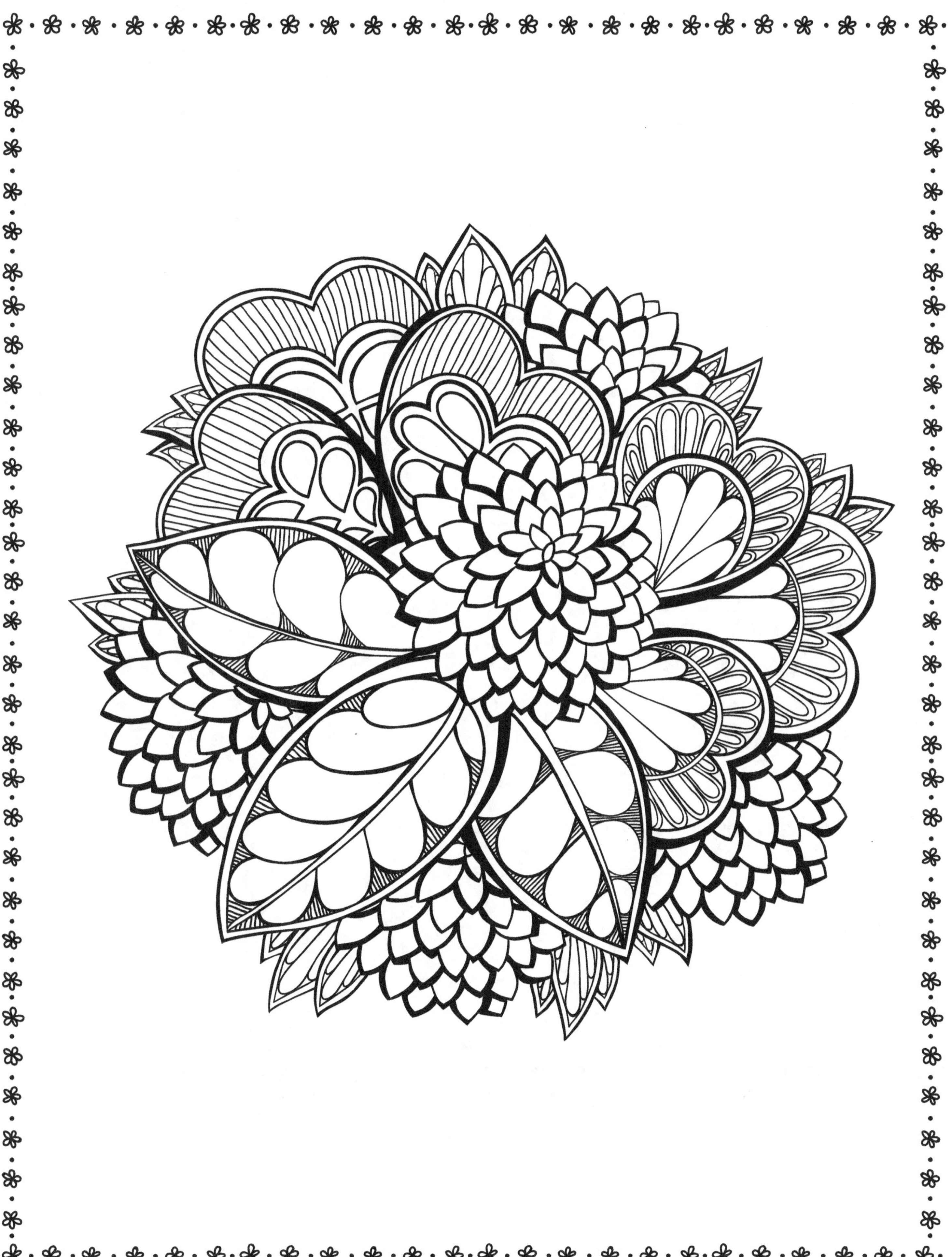

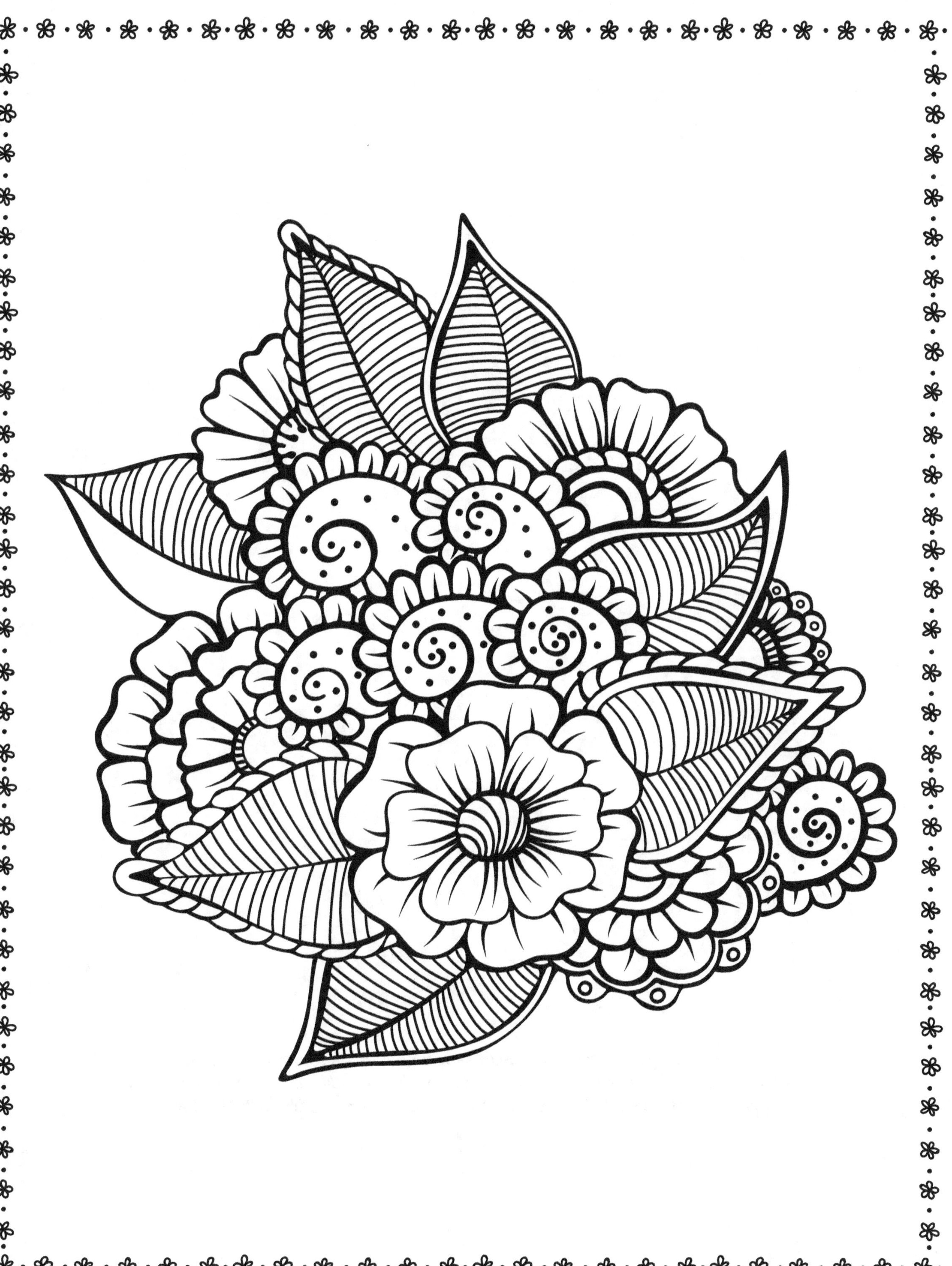

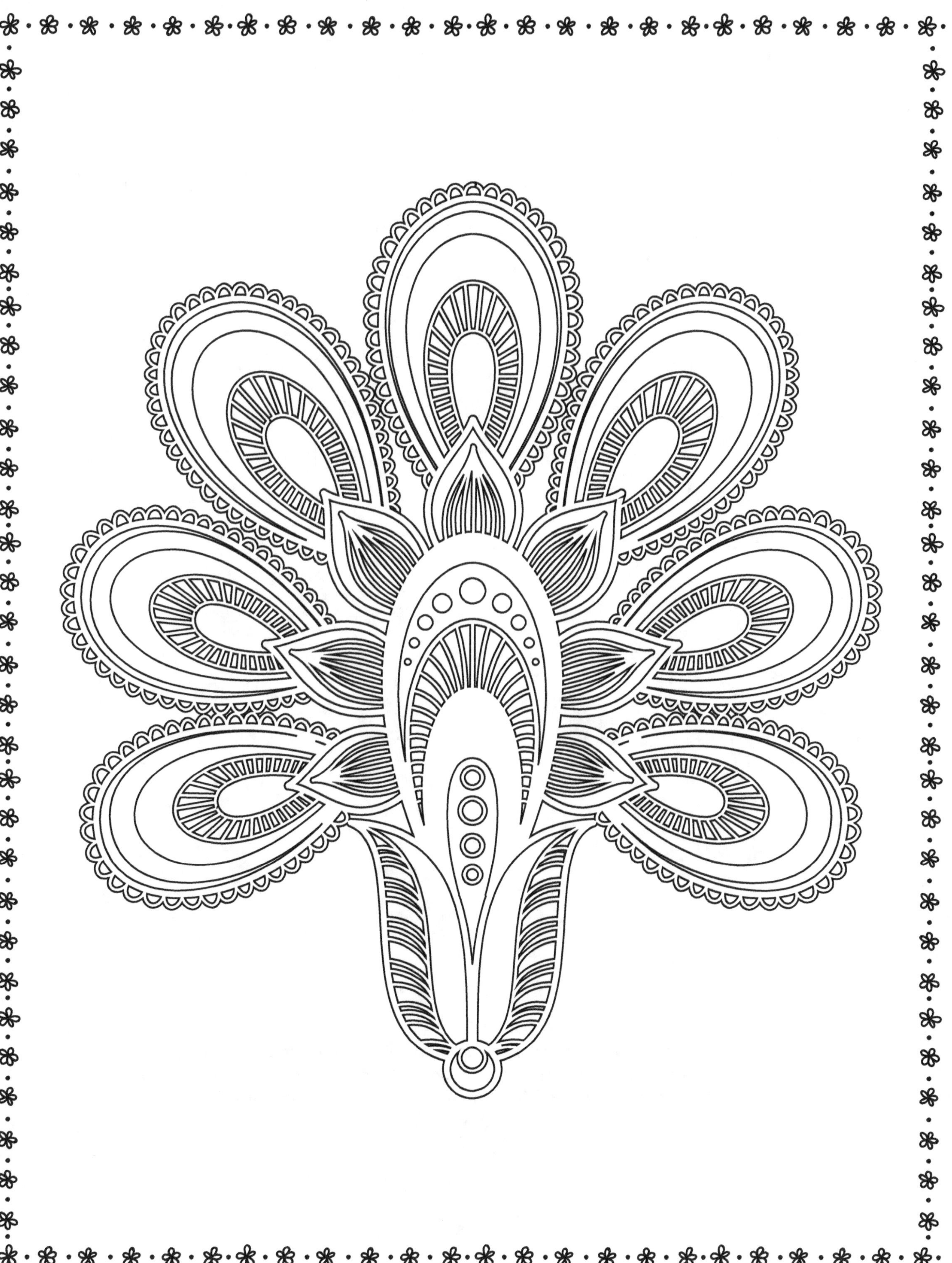

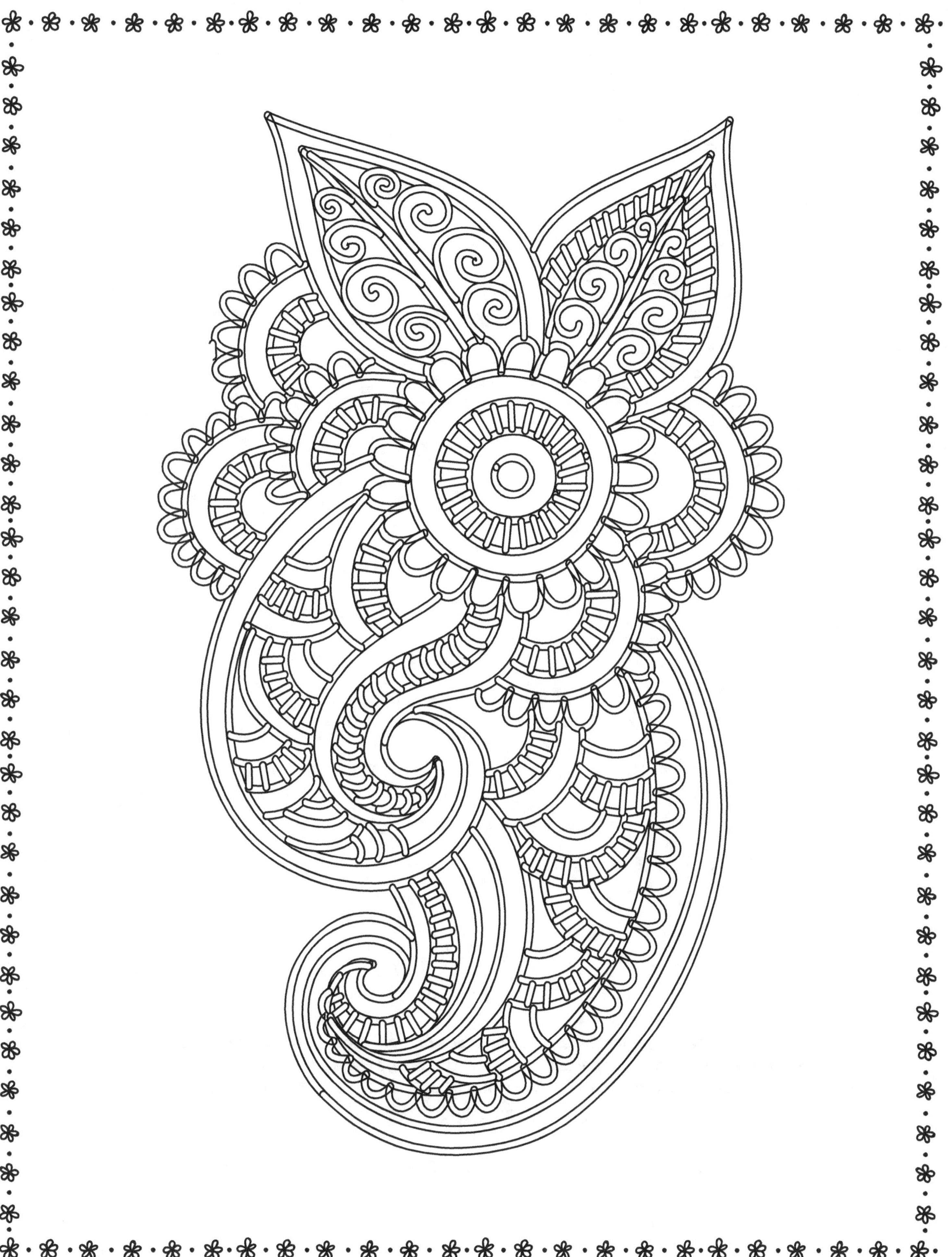

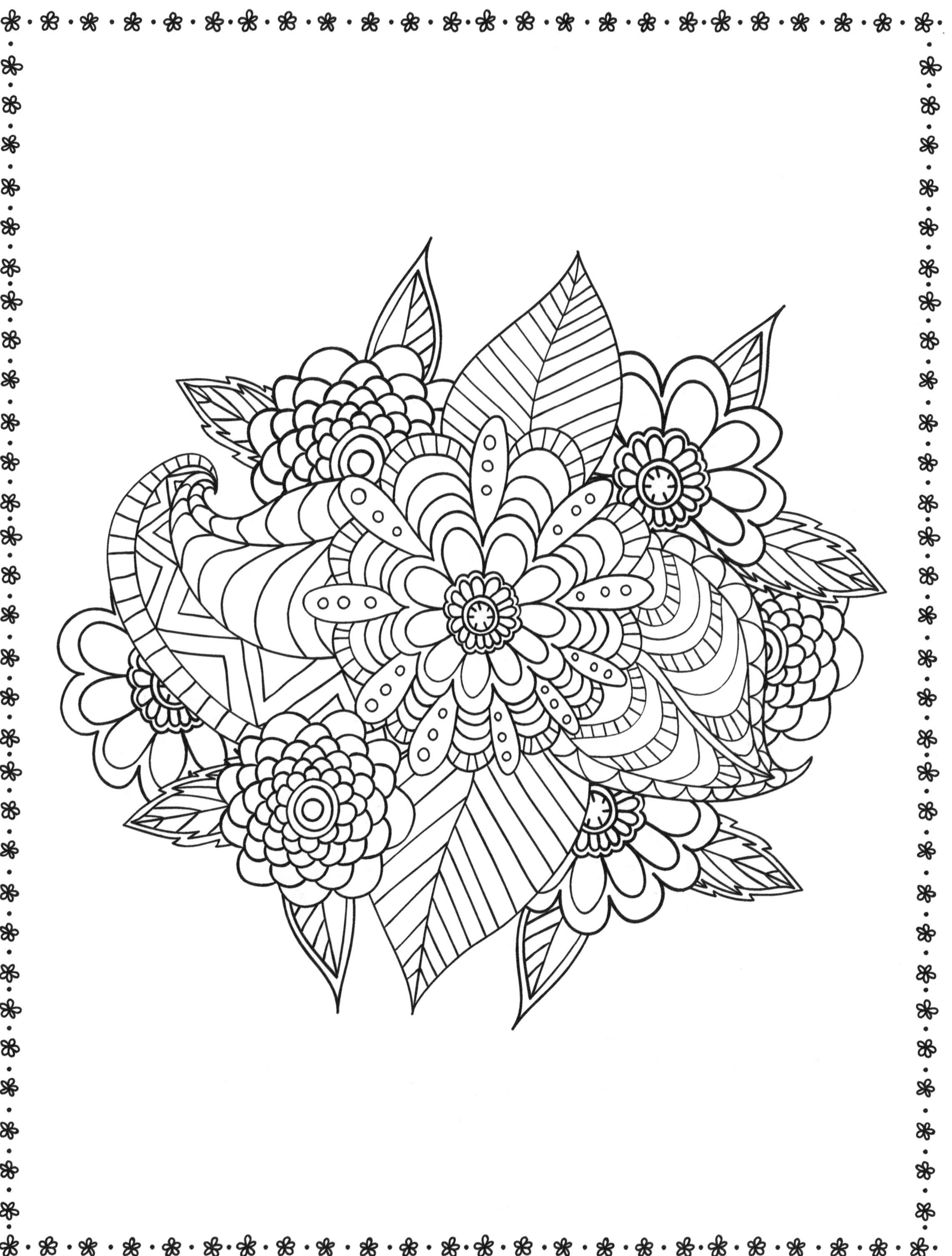

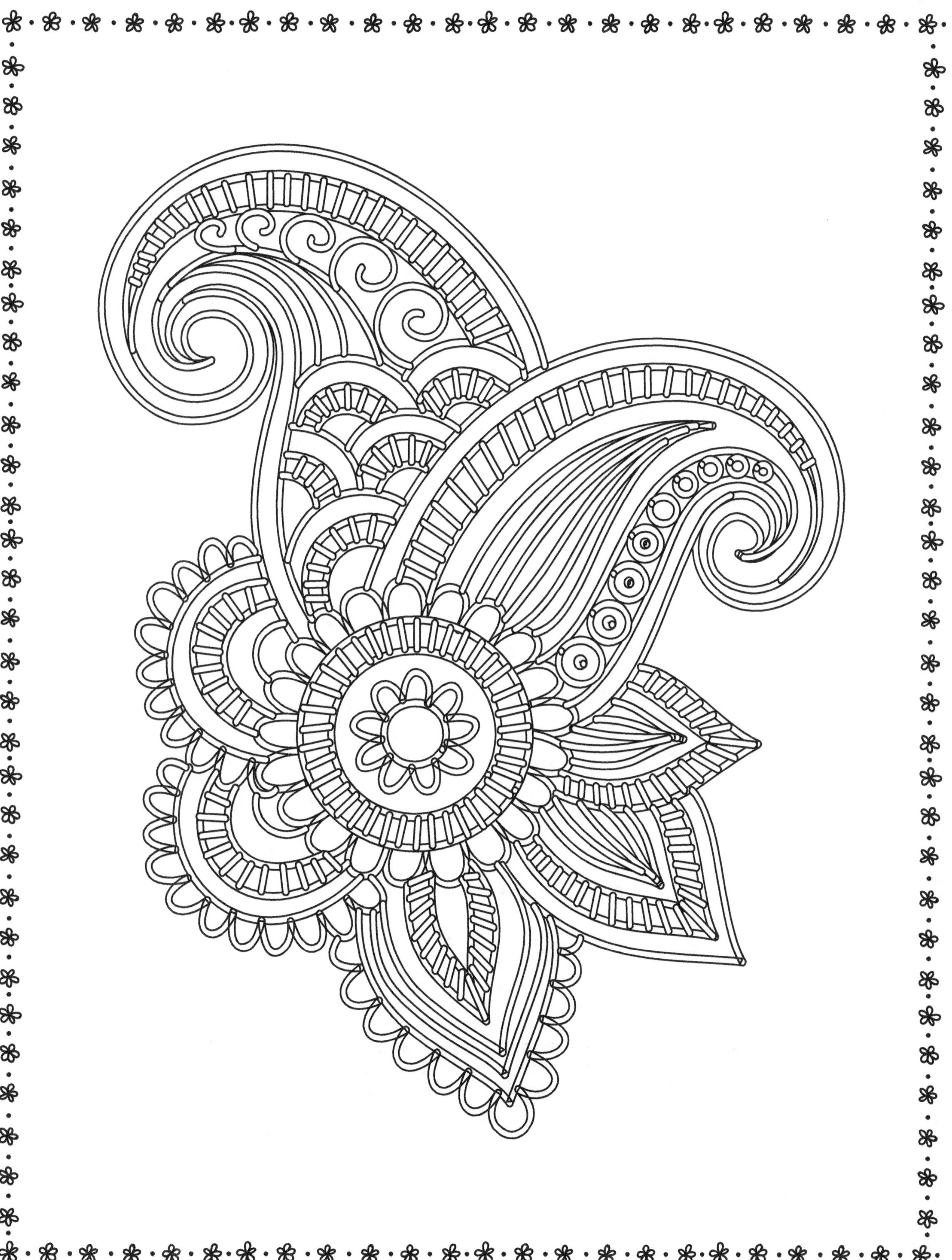

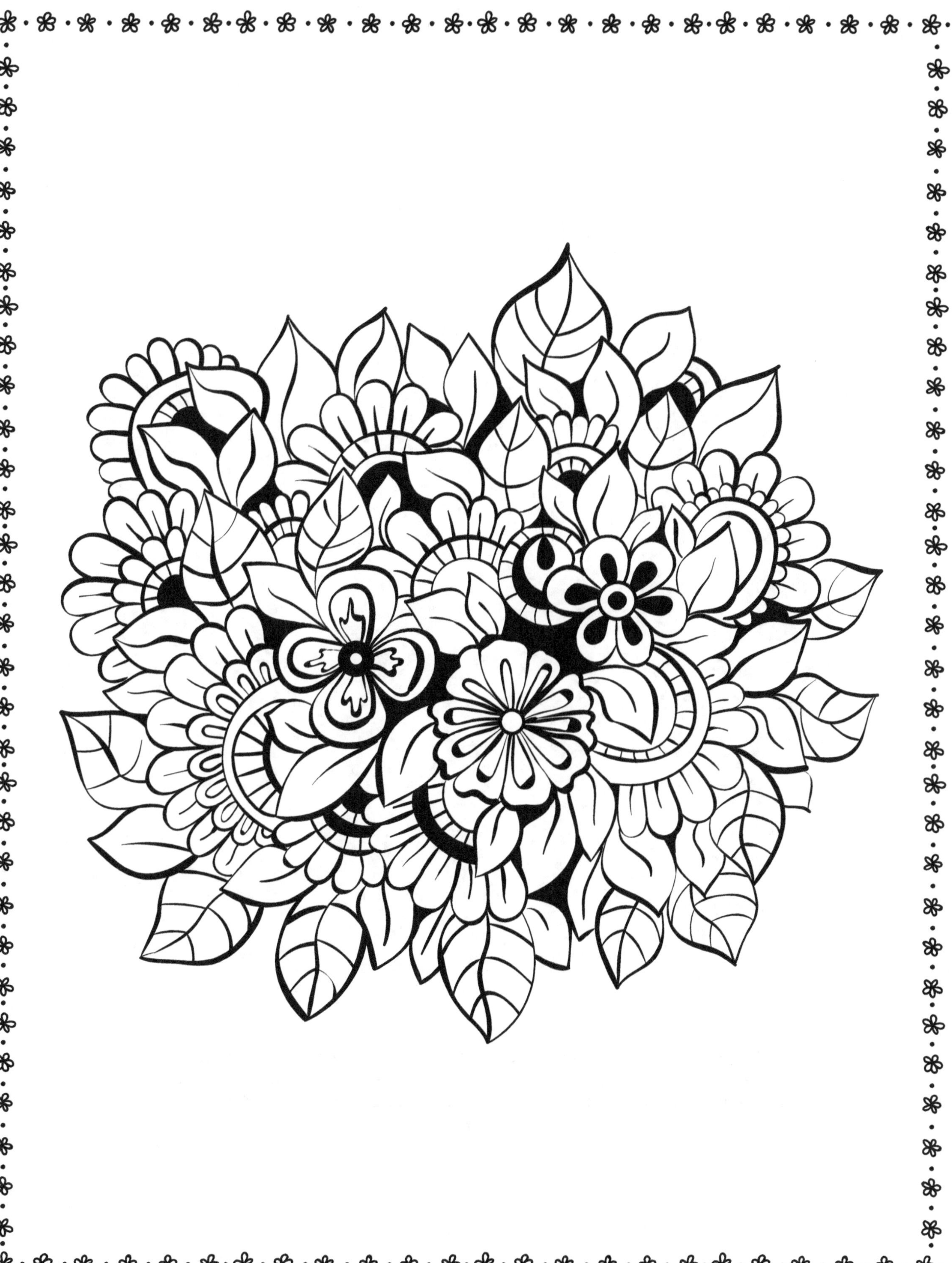

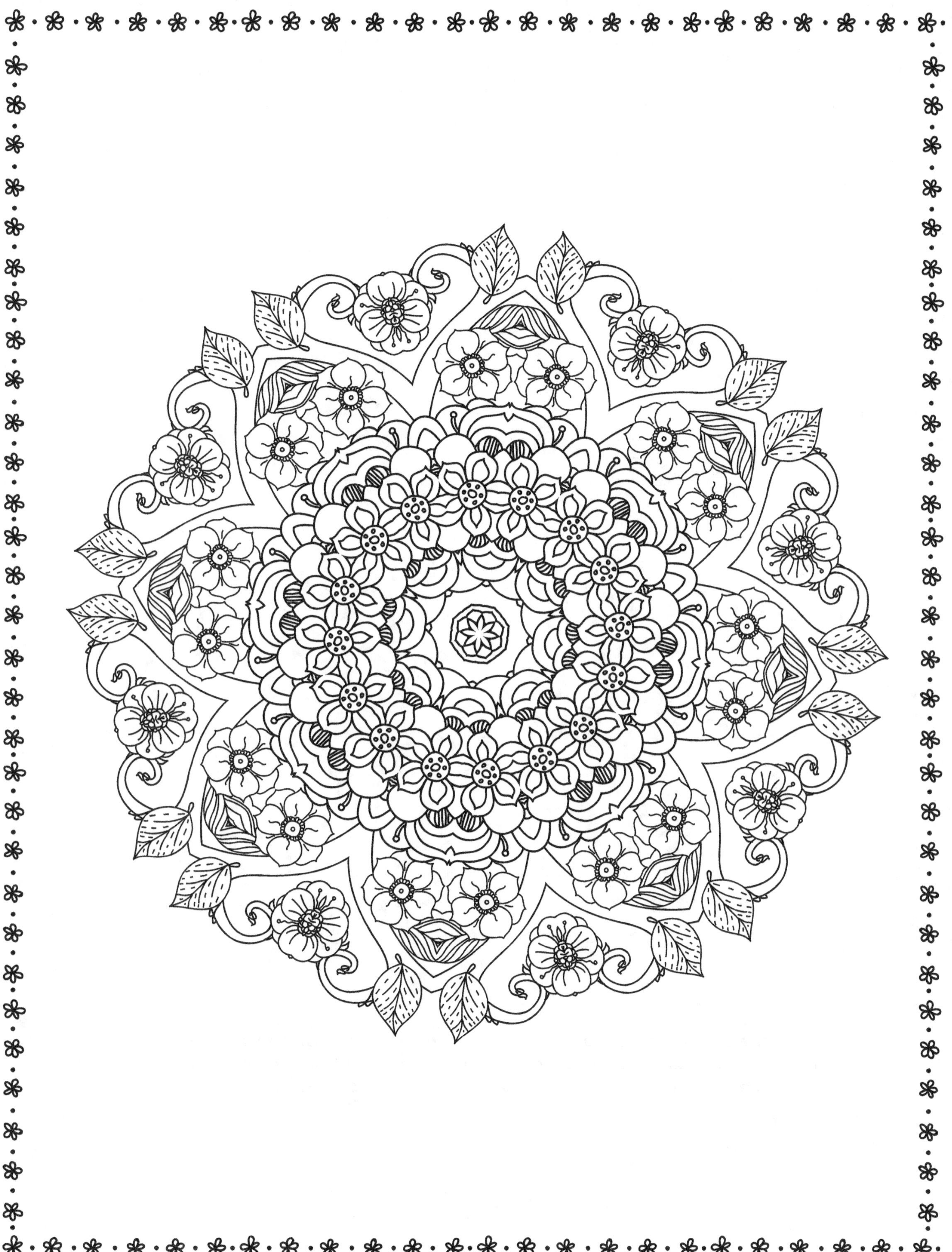

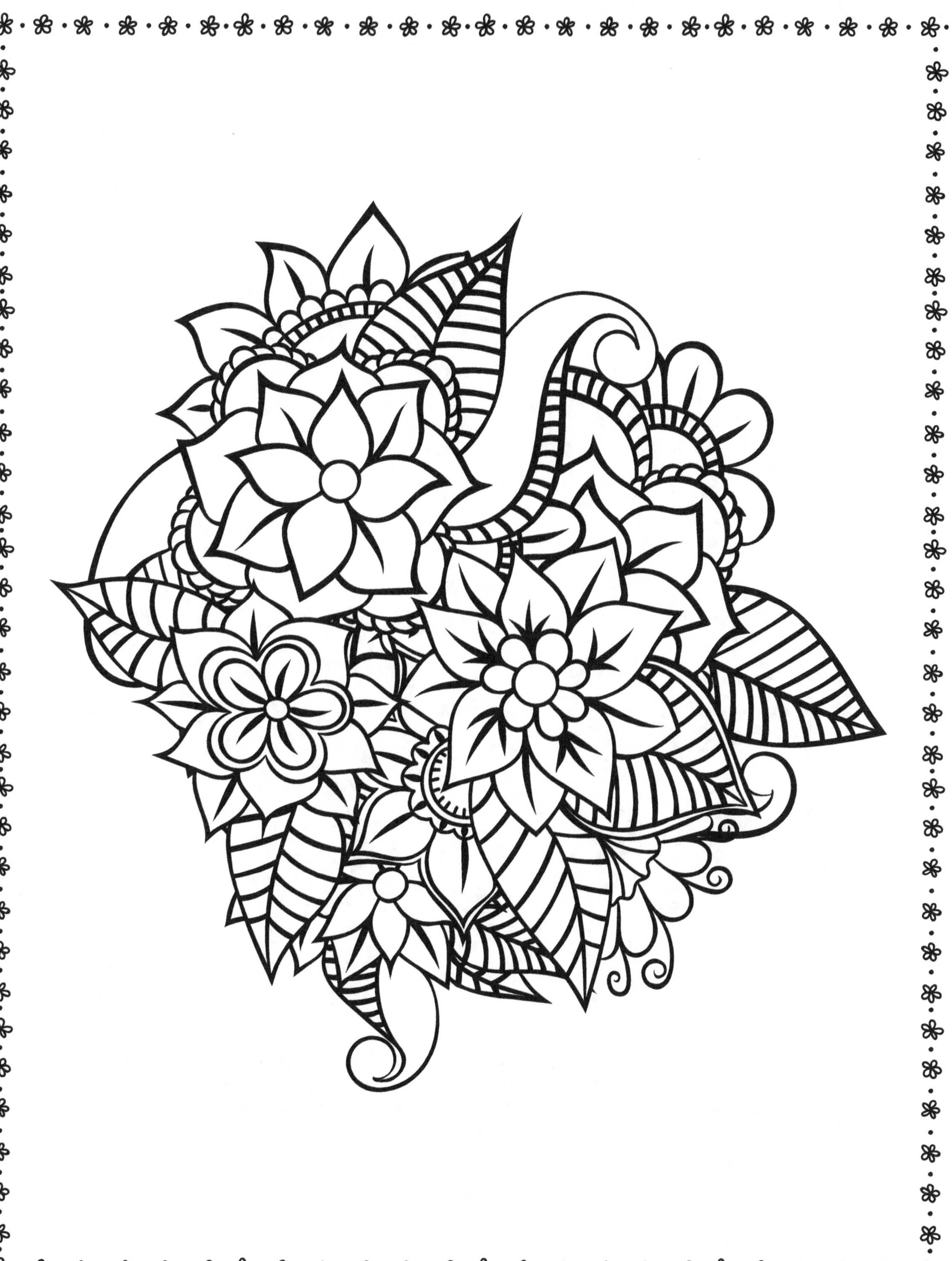

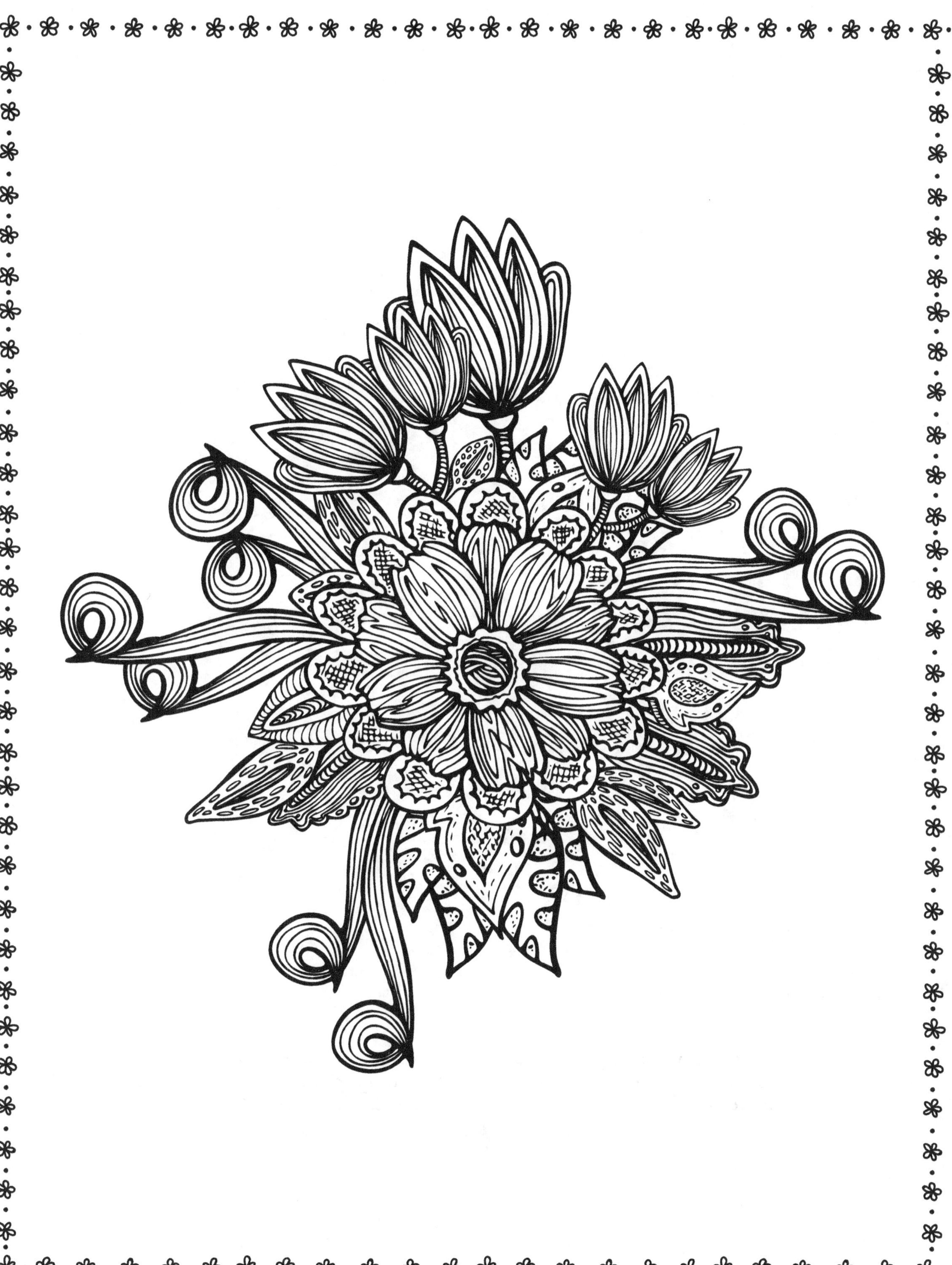

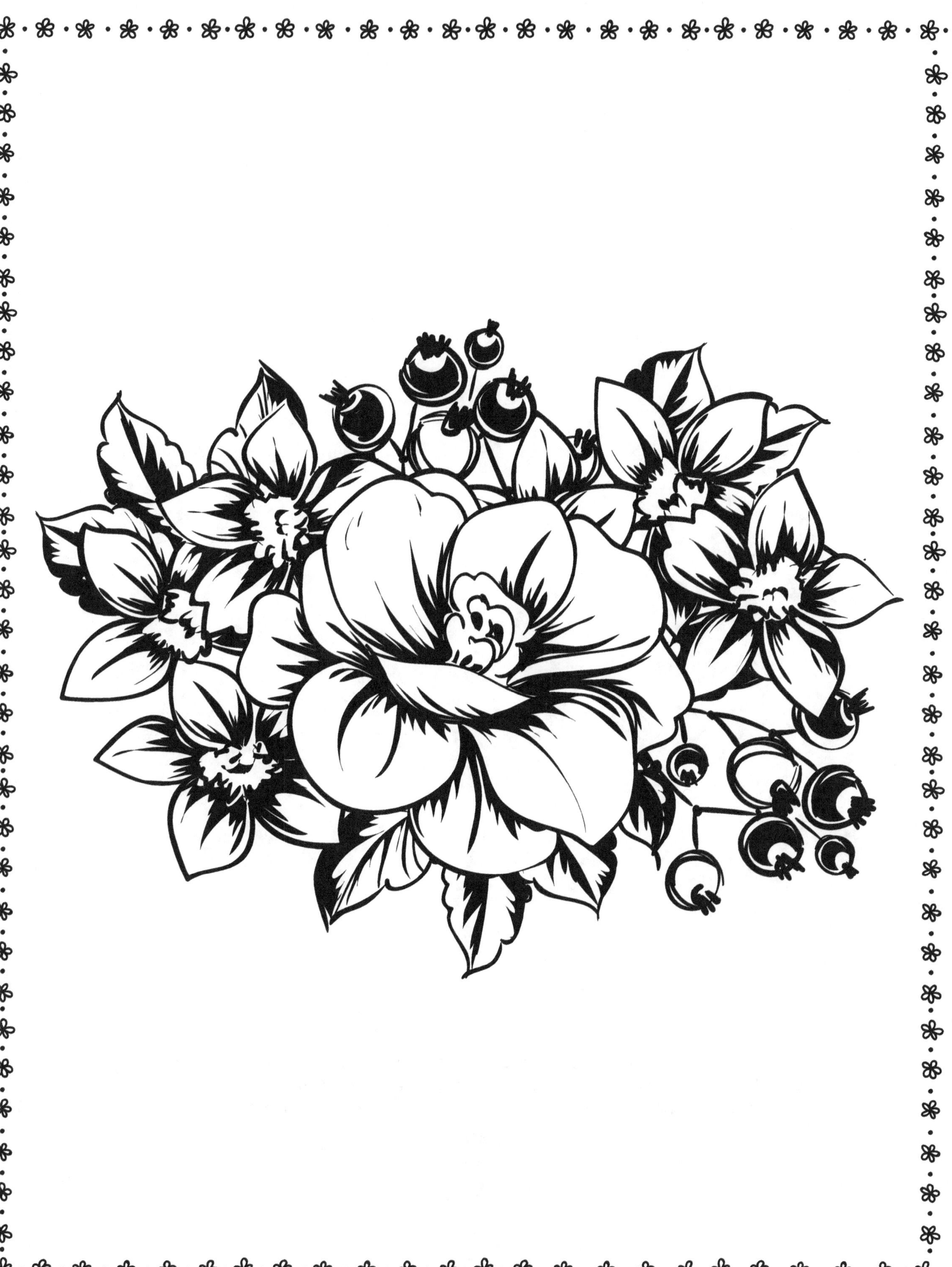

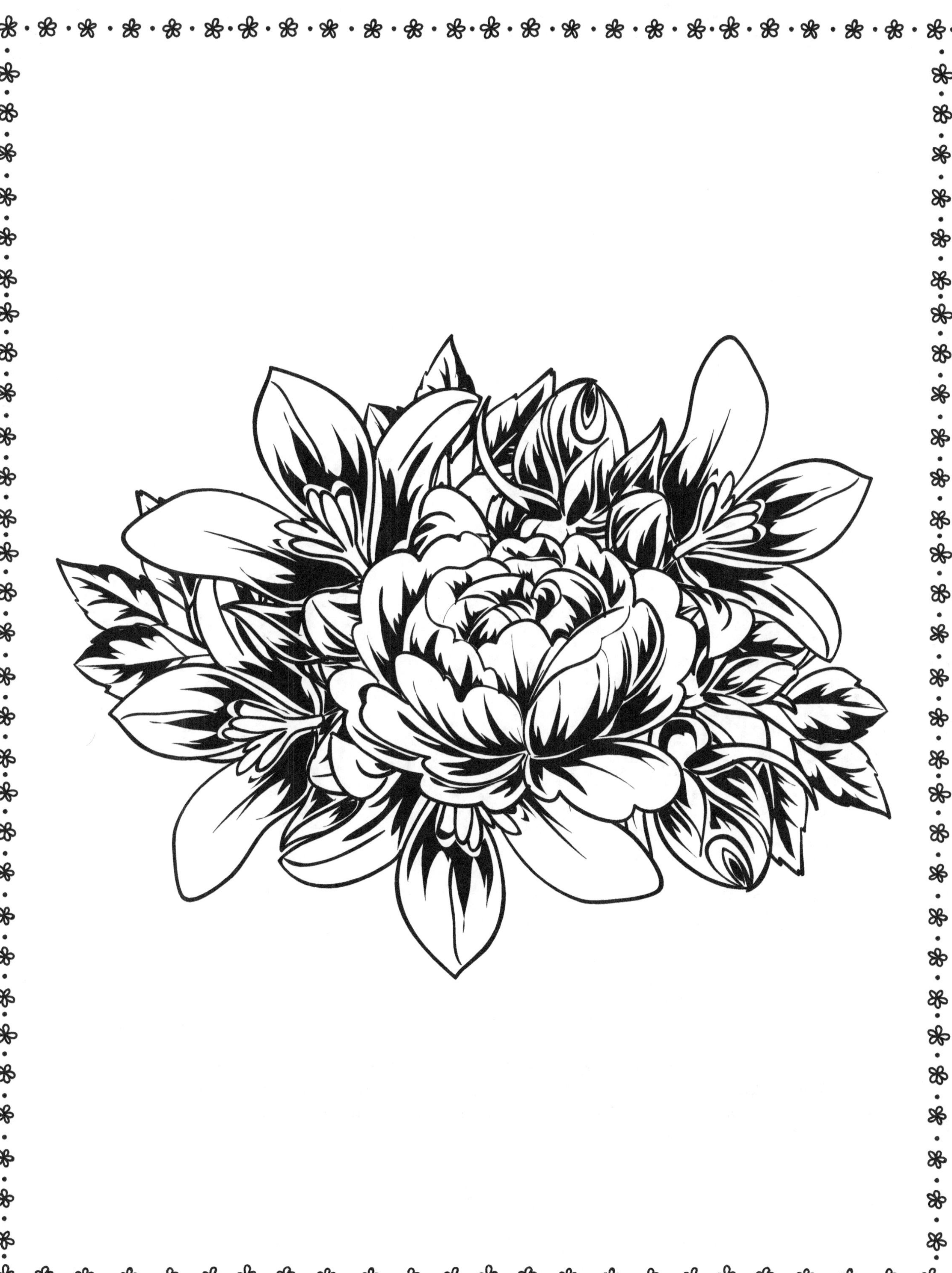

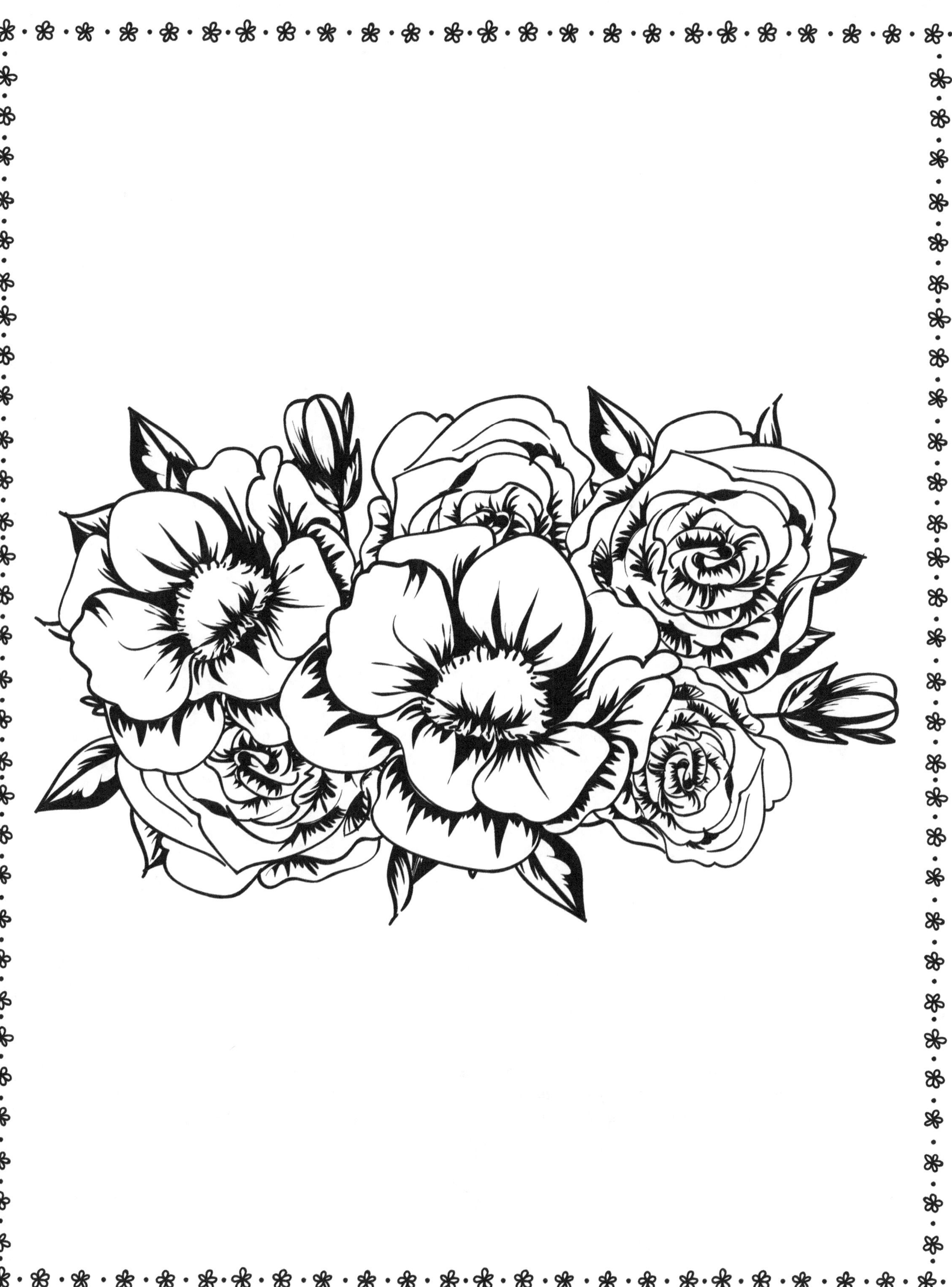

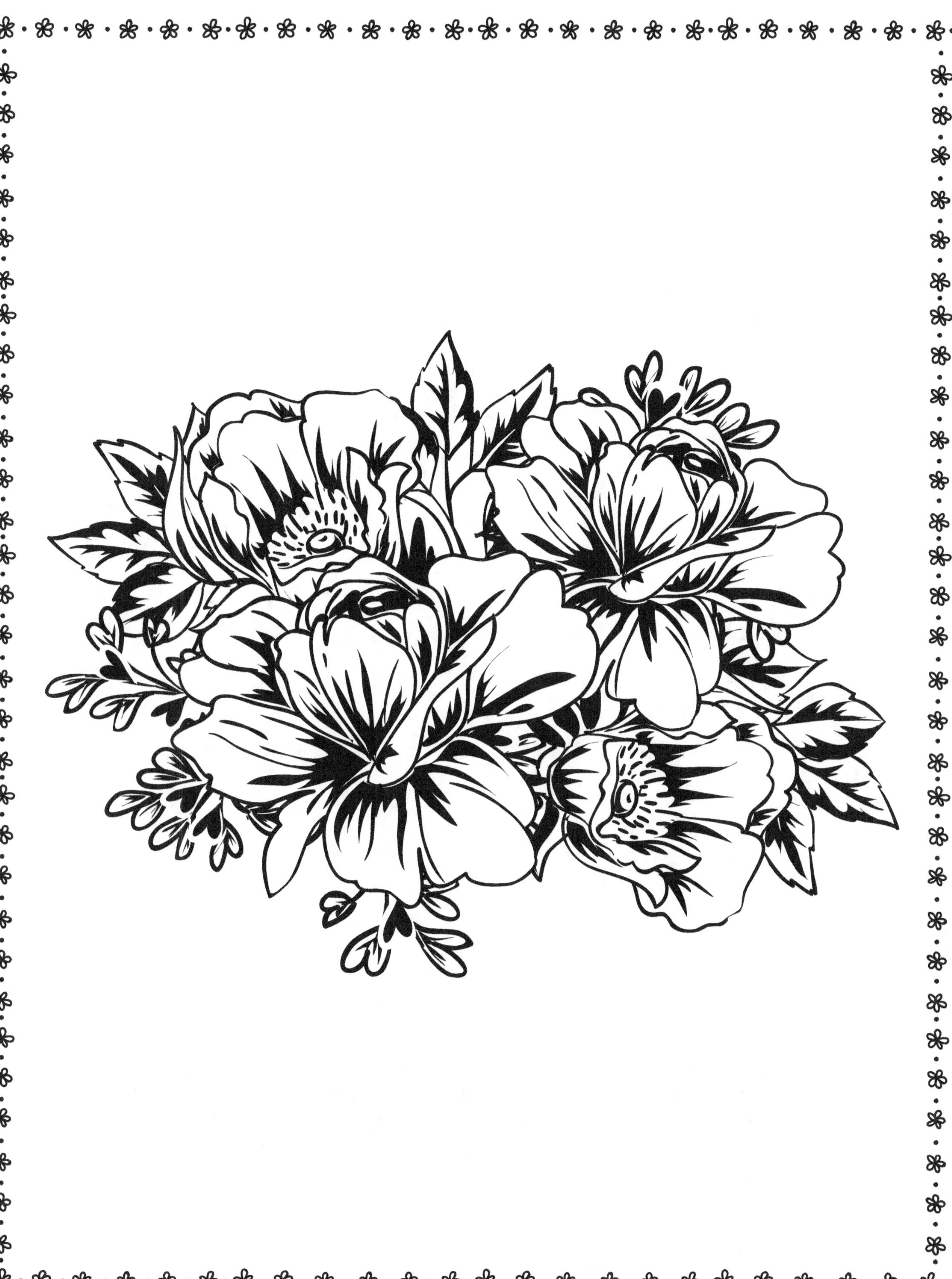

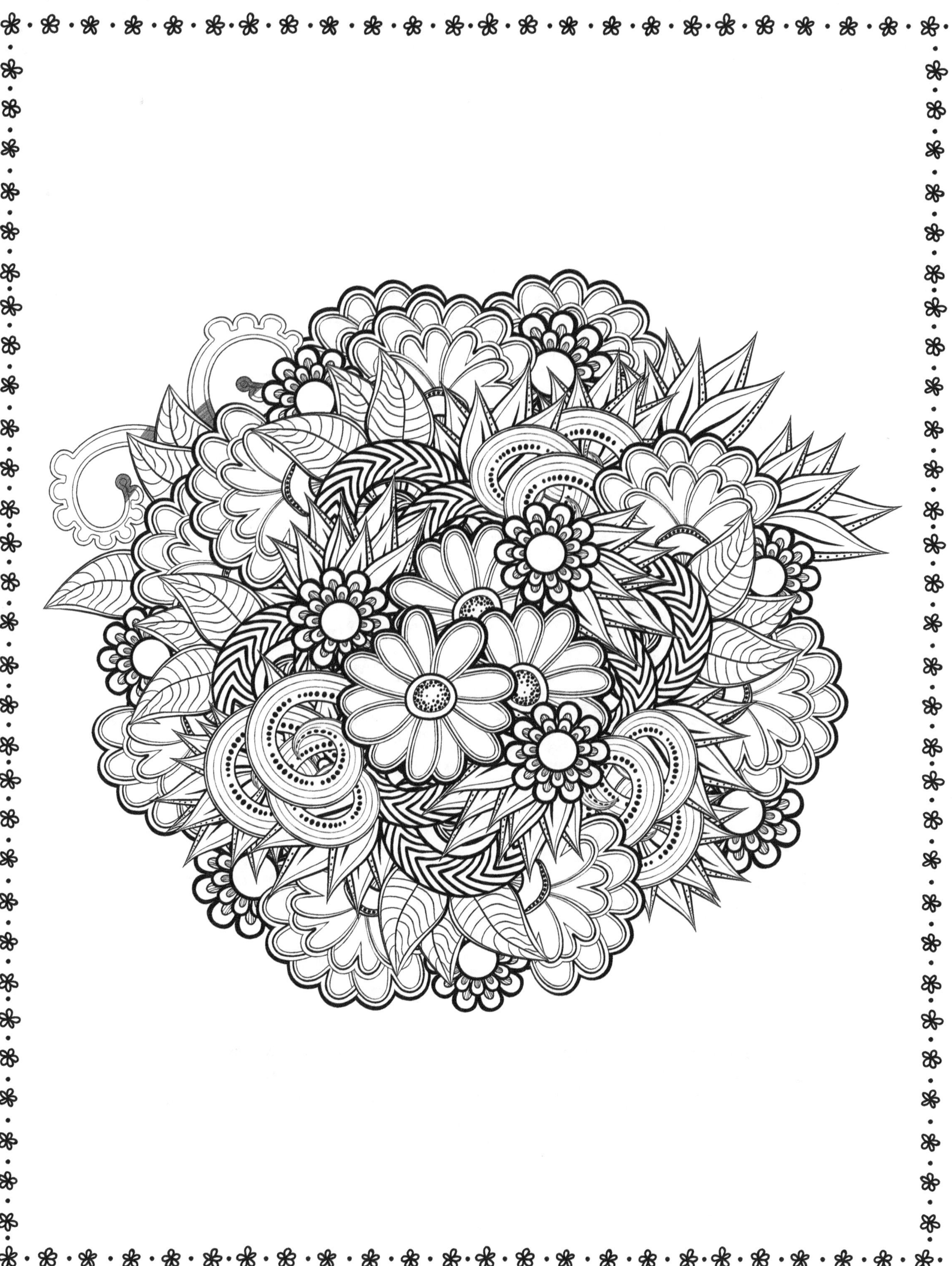

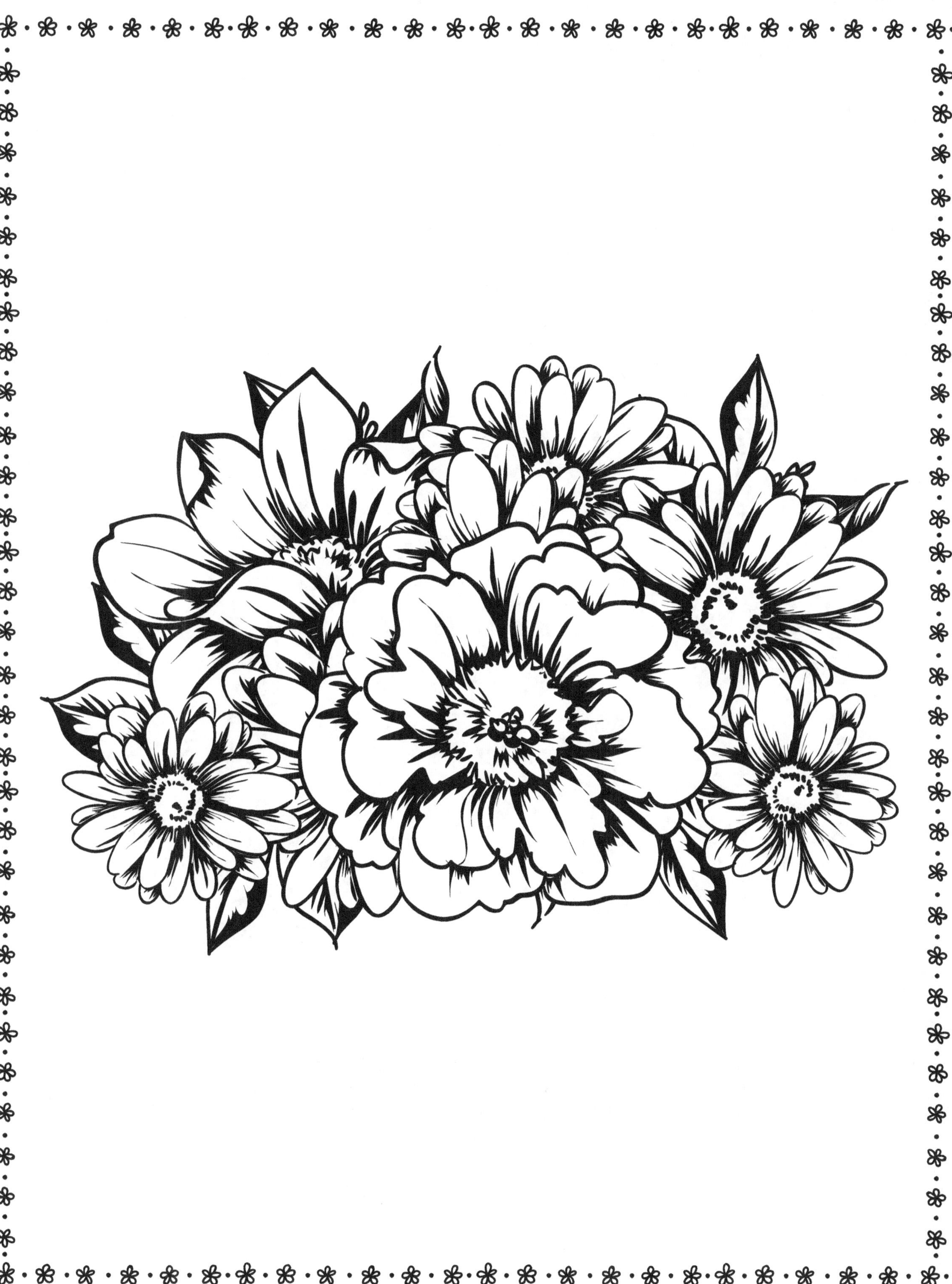

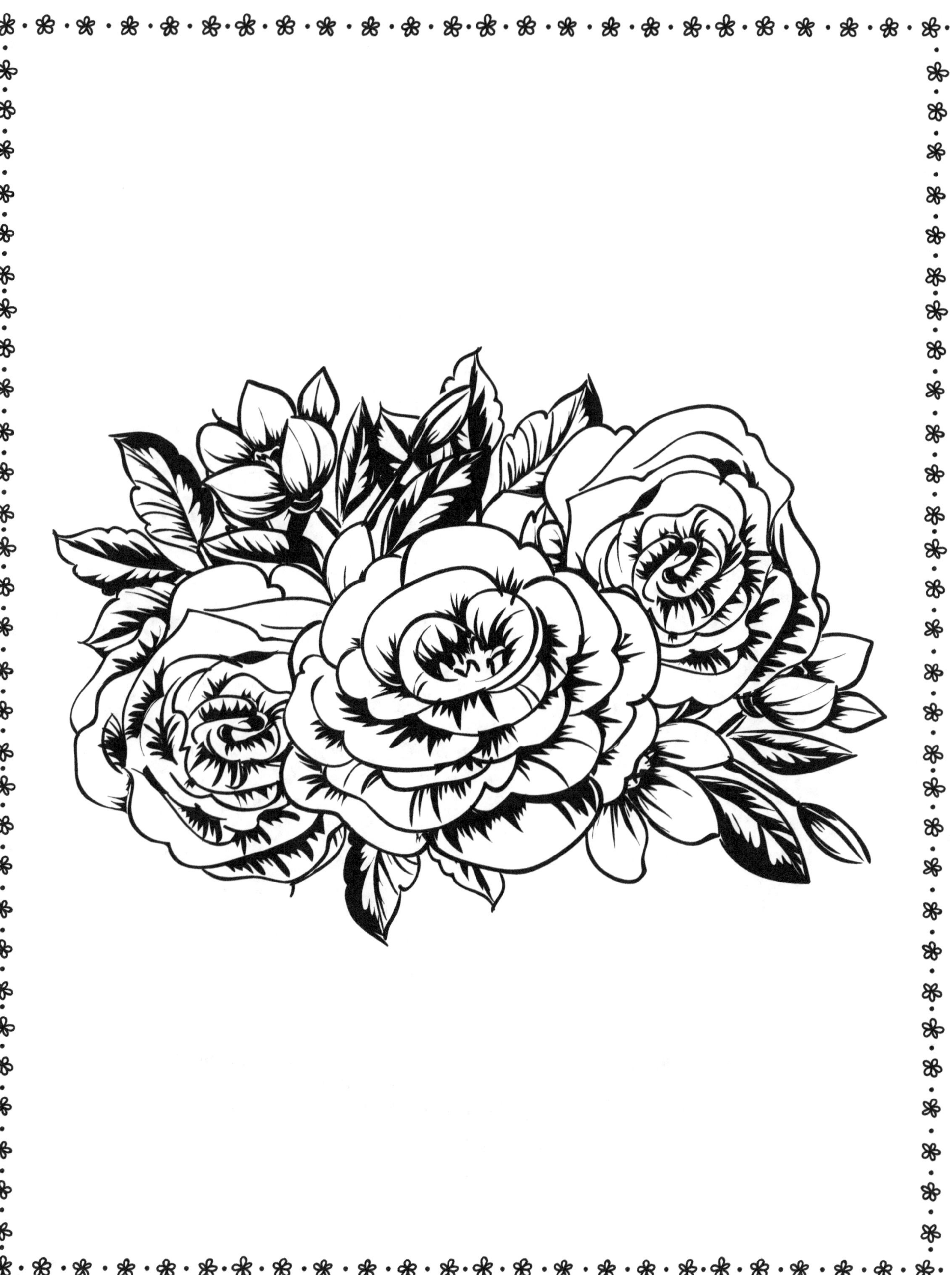

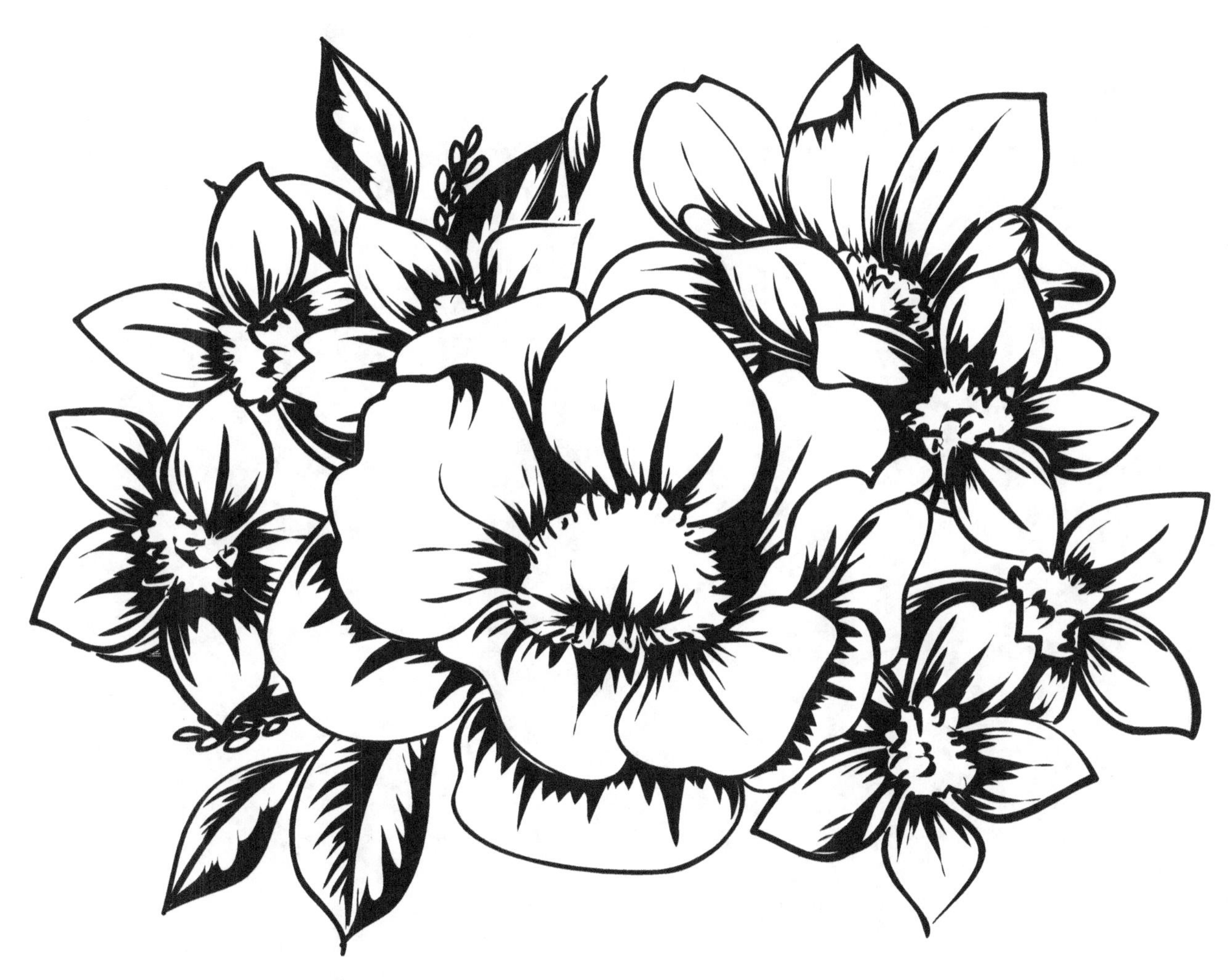

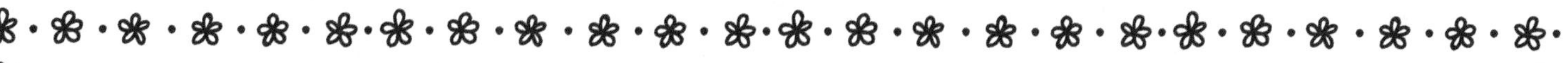

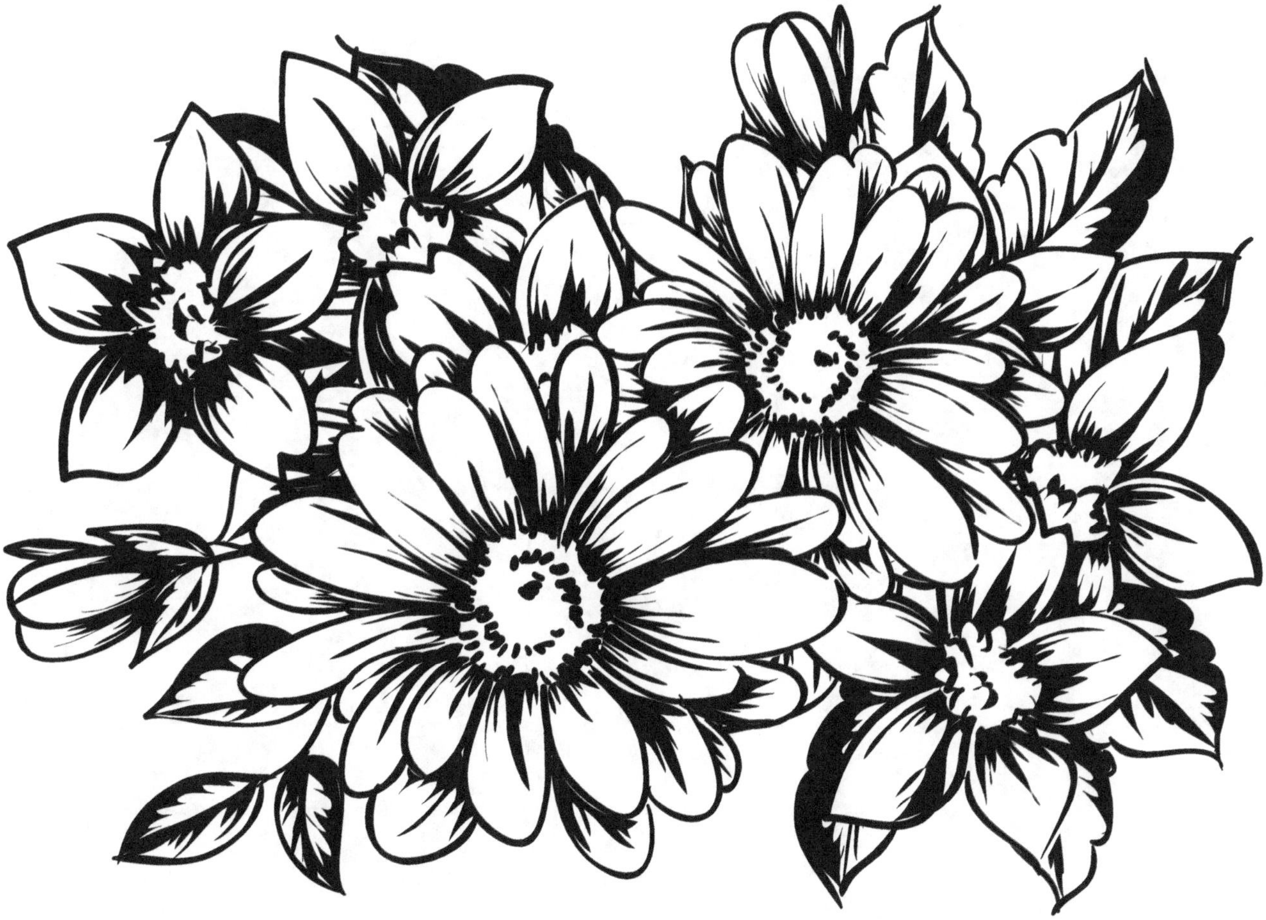

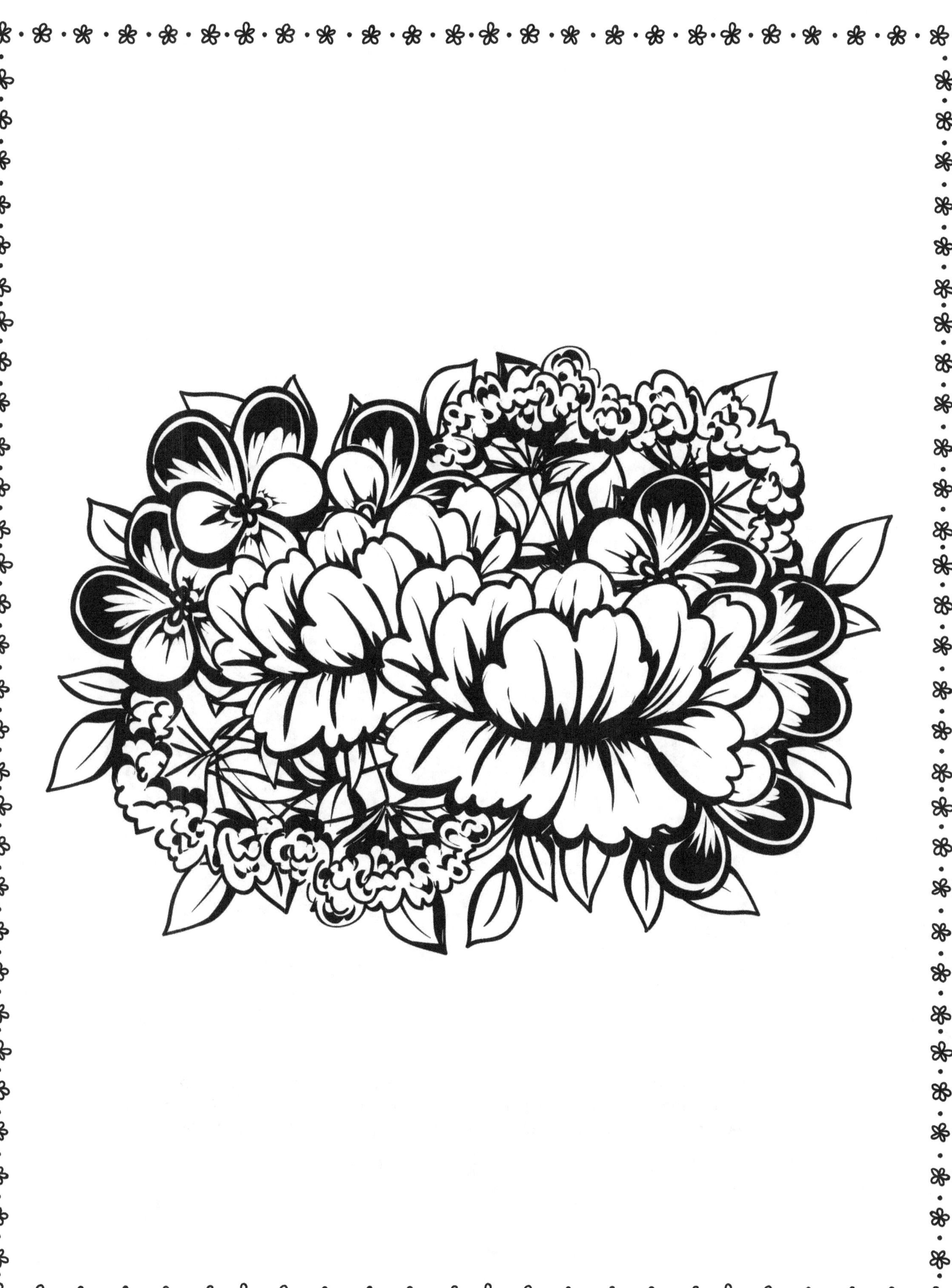

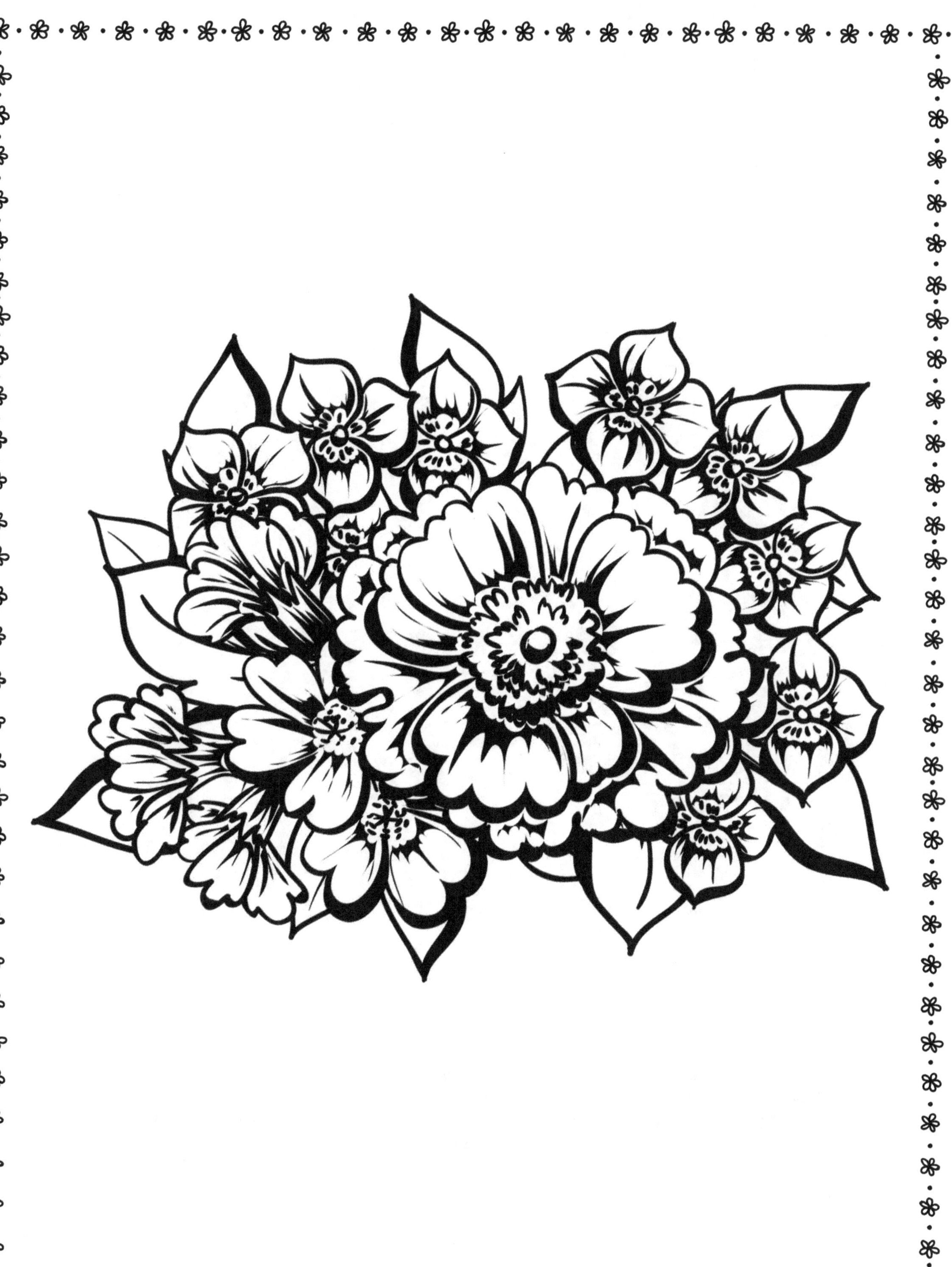

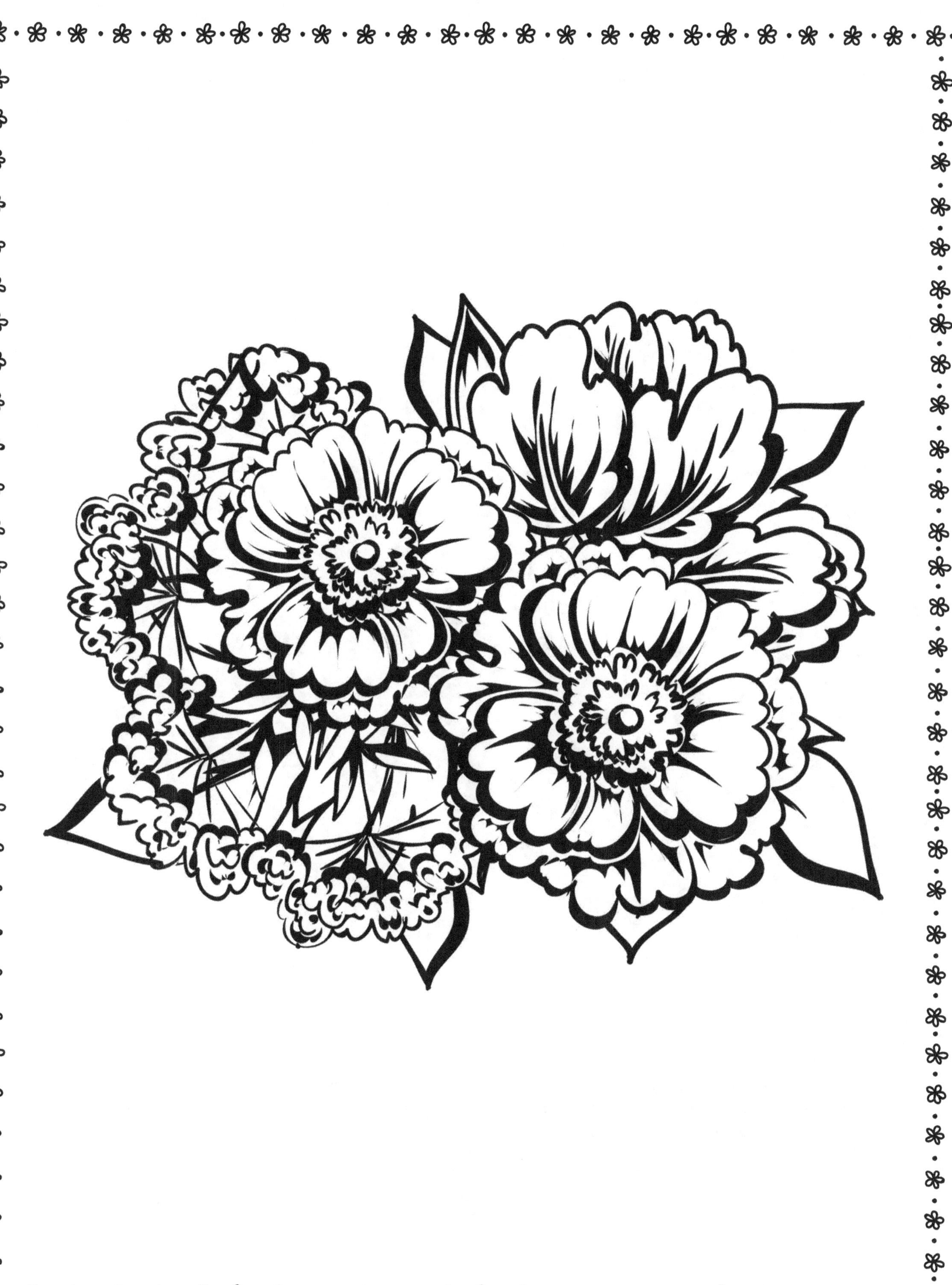

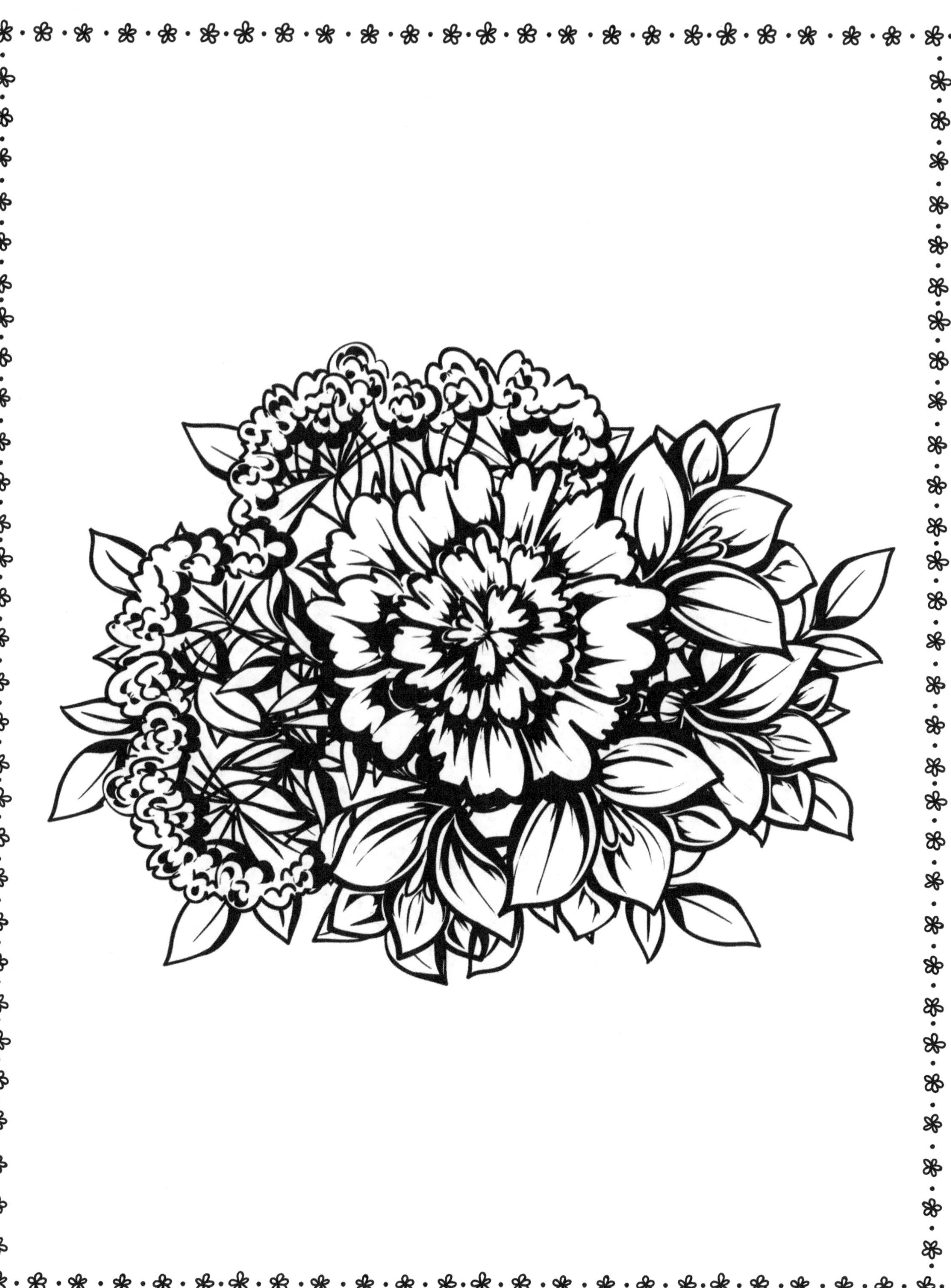